Sé un guerrero contra el virus

Una guía para niños sobre las vacunas

Eloise Macgregor

Ilustrado por Alix Wood
Traducido por Diana Osorio

PowerKiDS press

Published in 2022 by The Rosen Publishing Group, Inc.
29 East 21st Street, New York, NY 10010

Produced for The Rosen Publishing Group, Inc. by Alix Wood Books
Written by Eloise Macgregor
Designed and illustrated by Alix Wood
Translator: Diana Osorio
Editor, Spanish: Rossana Zúñiga

Names: Macgregor, Eloise, author. | Wood, Alix, illustrator.
Title: Una guía para niños sobre las vacunas / by Eloise Macgregor, illustrated by Alix Wood.
Description: New York : PowerKids Press, 2022. | Series: Sé un guerrero contra el virus | Includes glossary.
Identifiers: ISBN 9781725333055 (pbk.) | ISBN 9781725333079 (library bound) | ISBN 9781725333062 (6 pack) | ISBN 9781725333086 (ebook)
Subjects: LCSH: Vaccines--Juvenile literature. | Vaccination--Juvenile literature. | Viruses--Juvenile literature. | Virus diseases--Juvenile literature.
Classification: LCC RA638.M32 2022 | DDC 615.3'72--dc23

Manufactured in the United States of America

CPSIA Compliance Information: Batch #CSPK22: For Further Information contact Rosen Publishing, New York, New York at 1-800-237-9932

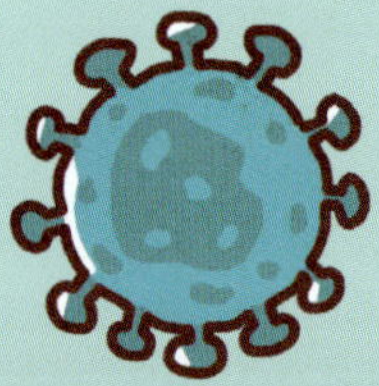

Find us on

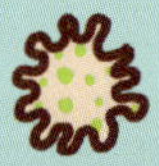

«En un tiempo donde padres e hijos buscan información sobre el COVID-19 y las vacunas, me pareció que el libro, "*Sé un guerrero contra el virus: una guía para niños sobre las vacunas*" es útil, de buena lectura y de gran precisión médica.» Dr. Neil Winawer, médico y profesor de medicina, Emory University School of Medicine.

Contenido

Los científicos son guerreros contra el virus

Un virus es un tipo de **germen**. No lo puedes ver porque es MUY pequeño, pero cuando ingresa en tu cuerpo, puede hacer que te enfermes. El **COVID-19** es una nueva enfermedad causada por el **coronavirus**.

Un virus puede transmitirse fácilmente de una persona a otra. En solo unos meses, el coronavirus se ha esparcido por todo el mundo.

Tratamos de mantenernos alejados para no propagar el virus, ¡pero no podemos hacerlo por siempre!

Cuando aparece un virus, los científicos se ponen a trabajar. La mejor manera de evitar que un virus se propague es protegiendo a todo el mundo. ¿Cómo hacerlo? ¡los científicos crean una **vacuna**!

¿Qué son las vacunas?

Las vacunas son sustancias creadas de forma especial por científicos, para ayudar a tu cuerpo a combatir enfermedades.

Edward Jenner inventó la primera vacuna con el fin de combatir una horrible enfermedad que se conoce como **viruela**.

Jenner había escuchado que los campesinos que contrajeron una enfermedad más leve, conocida como viruela bovina, nunca se enfermaron de la viruela.

Jenner preparó una vacuna utilizando el virus de la viruela bovina. La probó para ver si esta evitaba que la gente se enfermara, y ¡sí funcionó!

Hoy en día, las vacunas salvan la vida de millones de personas. Probablemente ya has recibido algunas vacunas, cuando eras un bebé, para protegerte de enfermedades como el sarampión y el polio.

Tal vez aùn no tengamos una vacuna para combatir el nuevo virus, pero los científicos trabajan arduamente para crear una nueva.

¿Cómo funcionan las vacunas?

Tu cuerpo tiene pequeños ayudantes conocidos como tu **sistema inmunológico**. Estas **células** que combaten enfermedades se encuentran en todo tu cuerpo. Cuando detectan un invasor, ¡se ponen a trabajar!

Para preparar una vacuna, los científicos examinan el virus. Muchas veces buscan partes débiles e inofensivas del virus que puedan usar para crear una vacuna segura.

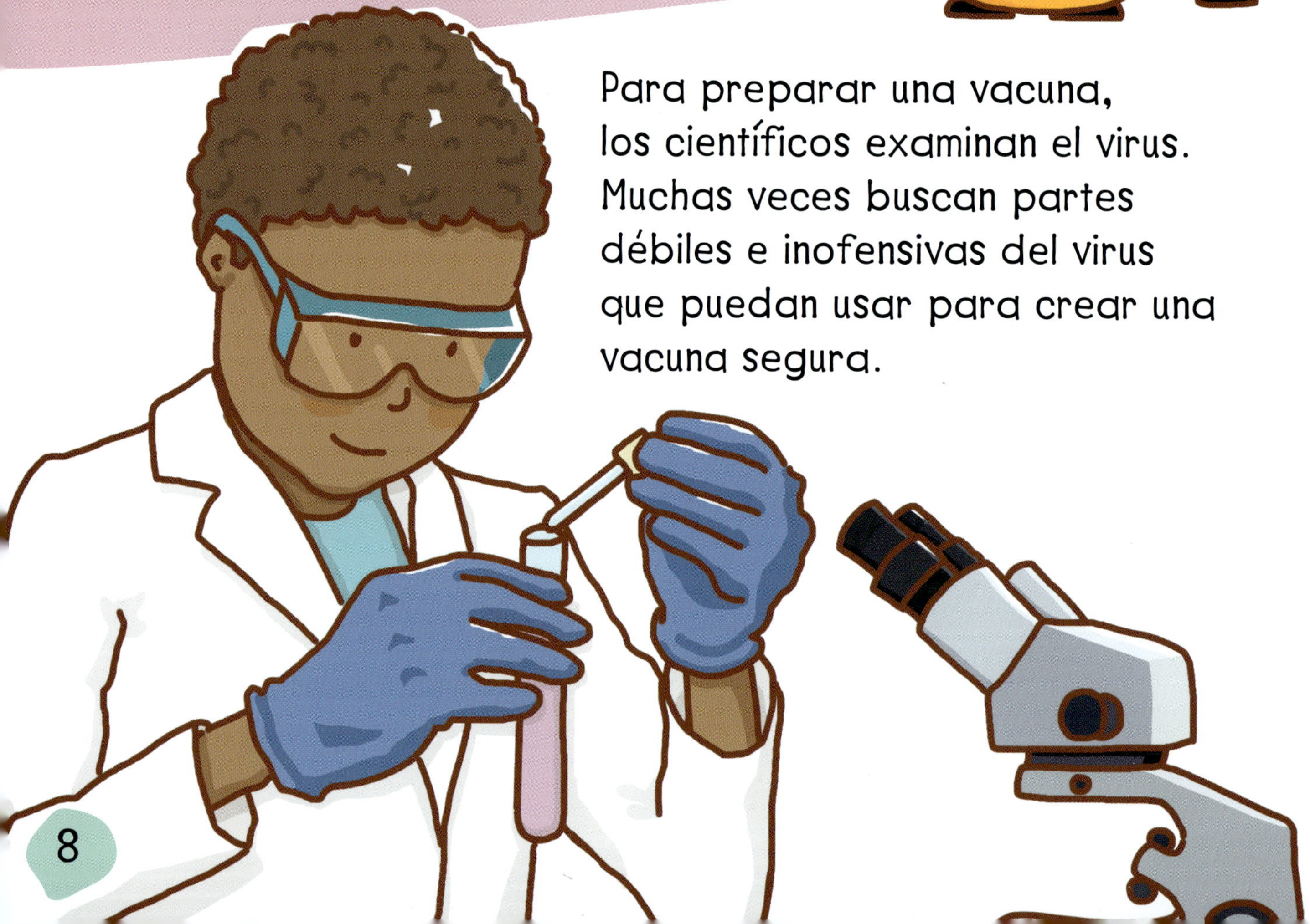

Una vacuna le enseña a tu sistema inmunológico a reconocer y combatir el virus sin que te enfermes.

Después de vacunarte, la próxima vez que tu cuerpo detecte esos gérmenes, estará listo para eliminarlos, ¡como un guerrero!

Después de recibir la vacuna, aún puedes contagiarte y propagar el COVID-19.

Tu sistema inmunológico debilita el virus y hace que sea más difícil de propagarlo; también evita que te enfermes.

¿Las vacunas son seguras?

Los científicos han creado vacunas por más de 200 años; son muy buenos en eso. Pero antes de que los médicos sean autorizados a aplicar nuevas vacunas, estas tienen que pasar por MUCHAS pruebas.

Todos querían que los científicos trabajaran muy rápido para obtener la vacuna contra el COVID-19, pero se aseguraron de que esta fuera completamente segura. ¿Cómo lo hicieron?

Los científicos de muchos países compartieron su información.

Los responsables se aseguraron de que los programas de vacunas contaran con suficiente dinero, rápidamente. Por lo general, ¡se necesitan MUCHOS AÑOS para recaudar fondos!

La población accedió de inmediato a participar en las pruebas de la vacuna. También se necesitan de MUCHOS AÑOS para encontrar gente que ayude en este proceso.

Las empresas empezaron a fabricar la vacuna de modo que estuviera lista para distribuirla, apenas fuese **aprobada**.

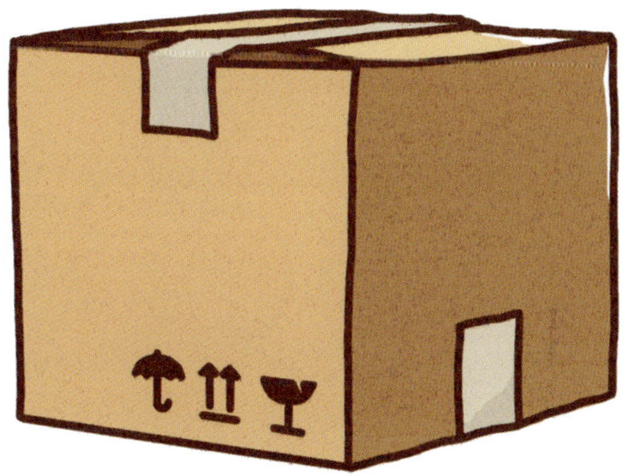

¡Todas estas personas han sido verdaderos guerreros contra el virus!

¿Puedo recibir una vacuna ahora?

Los médicos **vacunan** primero a aquellos que pueden enfermarse de gravedad si se contagian con el virus. Con el COVID-19, los adultos mayores y las personas con enfermedades de alto riesgo encabezan la lista, junto con las personas que los cuidan.

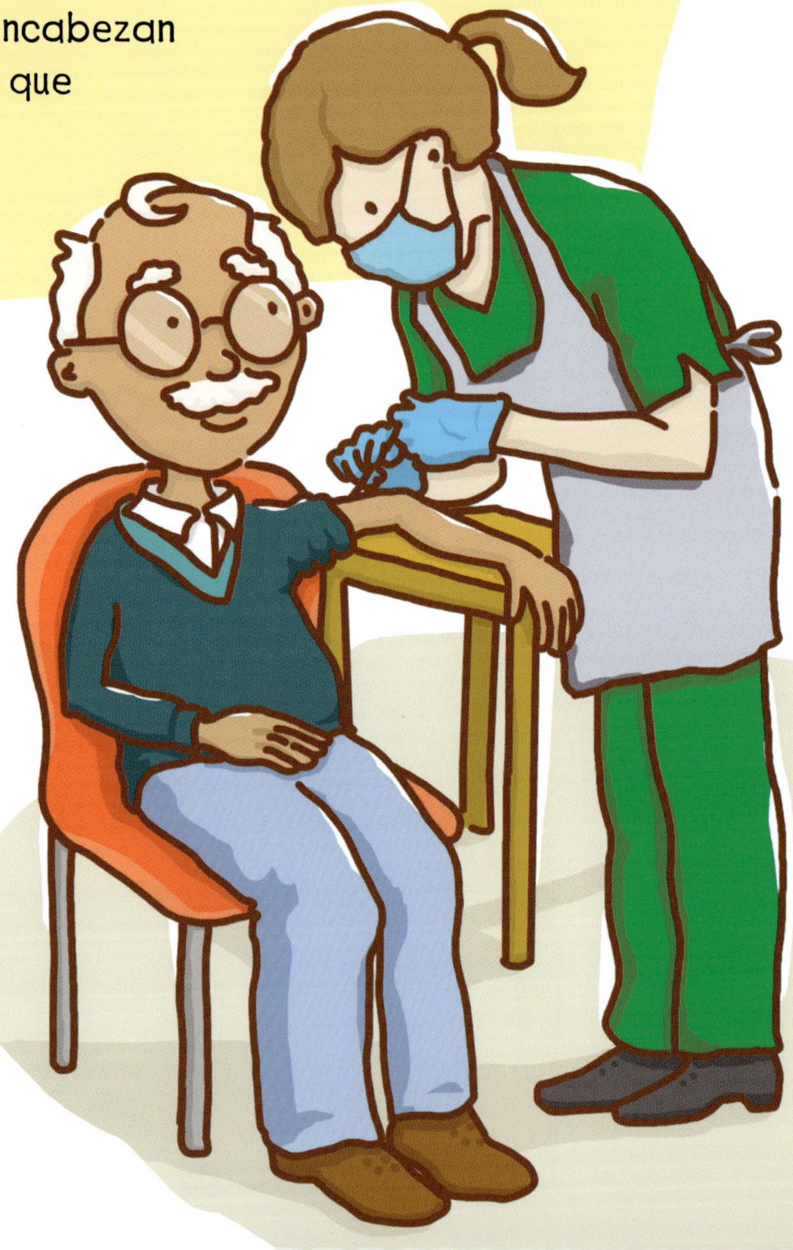

Es genial saber que las personas que amas ahora están protegidas.

Los trabajadores esenciales que no pueden quedarse en casa, pueden ser los próximos en recibir la vacuna.

Los jóvenes serán los siguientes en la lista. No te preocupes si te dicen que no puedes recibirla. Algunas personas no pueden vacunarse si tienen alguna **alergia**. Es posible que los niños pequeños no tengan que vacunarse. Tu médico te confirmará si la necesitas.

¡Día de vacunación!

Si te han llamado para vacunarte, puedes ir al médico, a una clinica, o tal vez a una farmacia. También es posible que la recibas en tu escuela.

Puedes hacer algunas cosas para estar listo.

Usar una camisa de manga corta para que sea fácil llegar a la parte superior de tu brazo.

Tal vez podrías llevar un libro para leer mientras esperas tu turno.

Si tienes hermanos pequeños, puedes simular que vacunas a su peluche y así sabrán lo que les espera cuando reciban la suya.

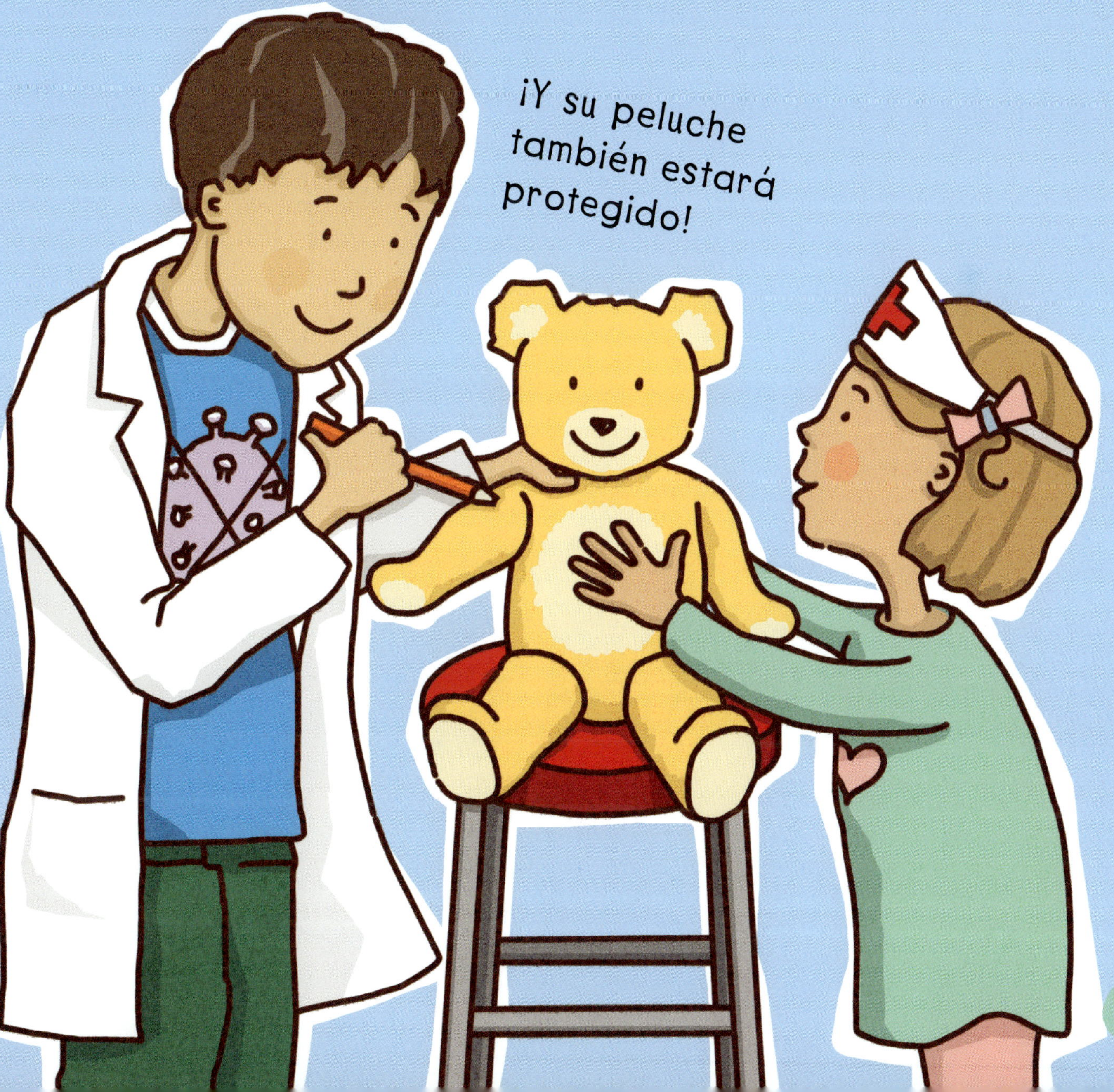

Recibir la vacuna

La persona que te aplica la vacuna es una experta guerrera contra el virus. Tal vez no sientas nada o tan solo un pequeño pellizco, pero solo durará un segundo. Algunos sienten dolor en el brazo o se les sube la temperatura después.

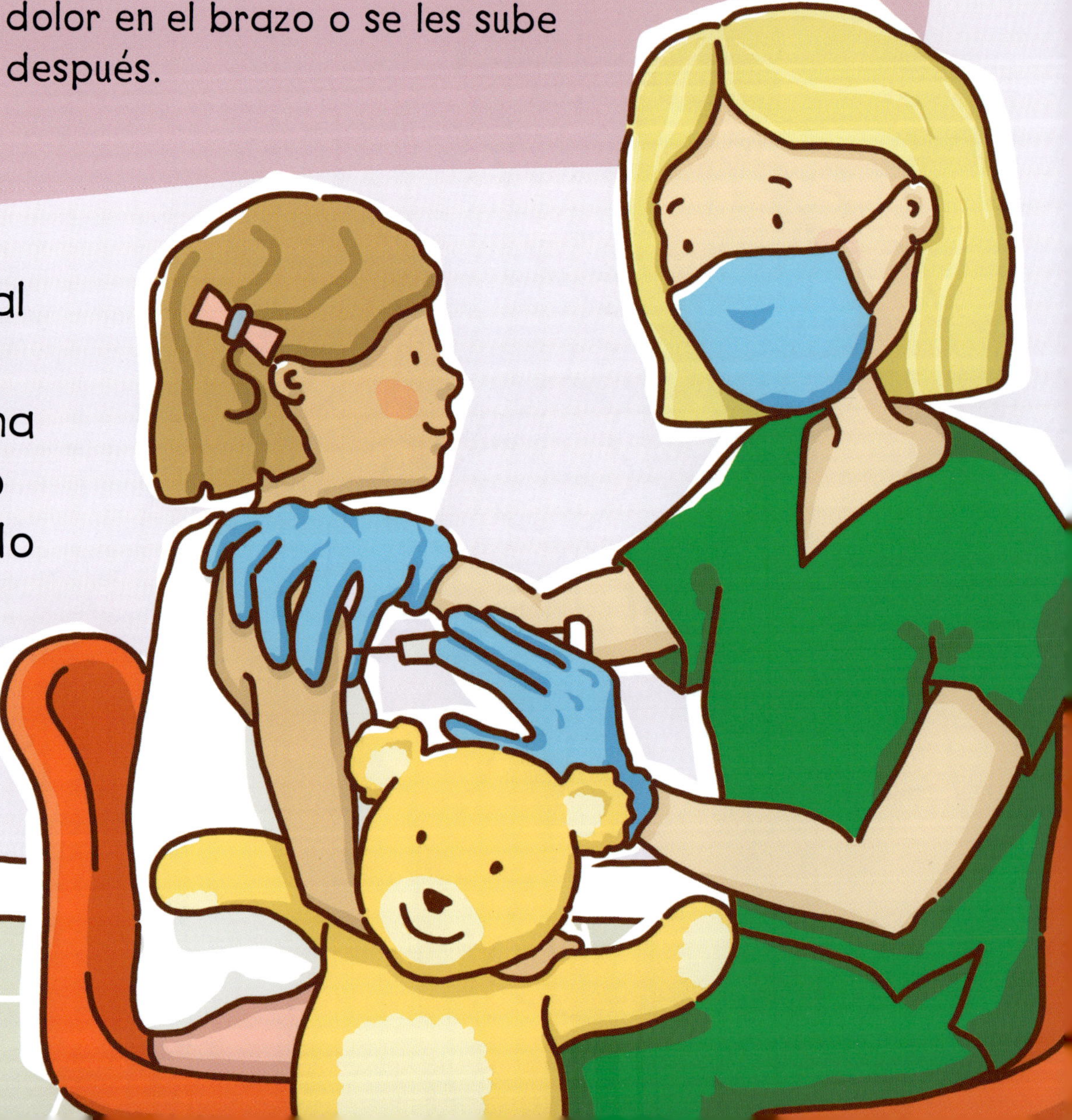

Eso es normal y demuestra que tu sistema inmunológico está ocupado en ser un guerrero contra el virus.

Existen varias vacunas que necesitan dos dosis con varias semanas de diferencia. Pueden pasar algunos días para que estés completamente protegido. Por ello, sigue usando tu mascarilla y manteniendo tu distancia hasta que te digan lo contrario.

Luego, tú y tu sistema inmunológico serán miembros titulares de ¡los guerreros contra el virus!

Algunos no recibirán la vacuna, pero no los hagas sentir mal, pueden tener una buena razón.

Créeme, ¡soy científico!

Como el COVID-19 es causado por un nuevo virus, la gente habla sobre el tema en todos lados, en la televisión y en las redes sociales. Las redes sociales pueden ser geniales, pero también pueden difundir información falsa.

Obten información de los expertos. Los científicos y los médicos que estudian los virus son los que más conocen sobre el tema. Ellos se dedican a estudiar este nuevo virus todo el tiempo.

¿Sabías que los virus cambian? esto mantiene a los científicos alerta.

Si el virus cambia mucho, los científicos se pondrán sus capas de superhéroes nuevamente, y fabricarán una nueva vacuna.

Regresar a la normalidad

Una vez que la mayoría de las personas se haya vacunado, el mundo podrá volver a la normalidad. Tal vez el COVID-19 aún exista, pero podrás salir y realizar las cosas que disfrutas hacer.

Tal vez ir a una fiesta, o a una pijamada.

... o regresar a la escuela y ver a tus amigos...

... ¡o irte de viaje!

Tal vez ir a ver un juego deportivo, o al cine.

¿Qué es lo que más te gustaría hacer?

Tal vez aún prefieras usar una mascarilla y mantener la distancia, y eso está bien. Quizás pase mucho tiempo antes de volvernos a sentir seguros. Tus increíbles habilidades de guerrero contra el virus te protegerán de los gérmenes del resfriado y de la gripe.

¿Eres un guerrero contra el virus?

¡Realiza la siguiente prueba para saber si tienes el poder de ser un guerrero contra el virus! Las respuestas están en la parte inferior de la página 24.

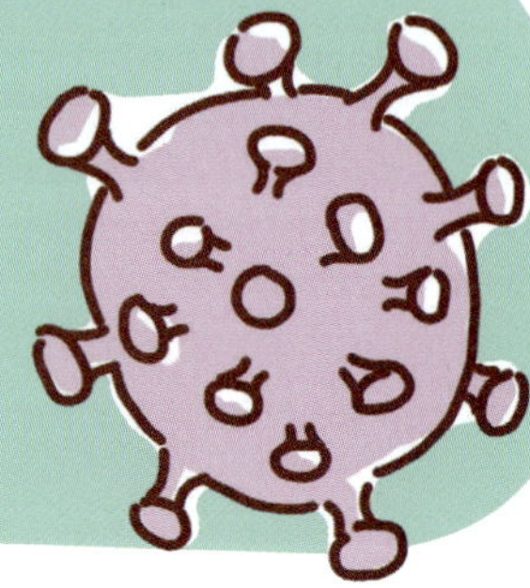

1. ¿A quién le pedirías información sobre las vacunas?
   a) A los médicos y científicos
   b) A los extraterrestres
   c) A algunos amigos en las redes sociales

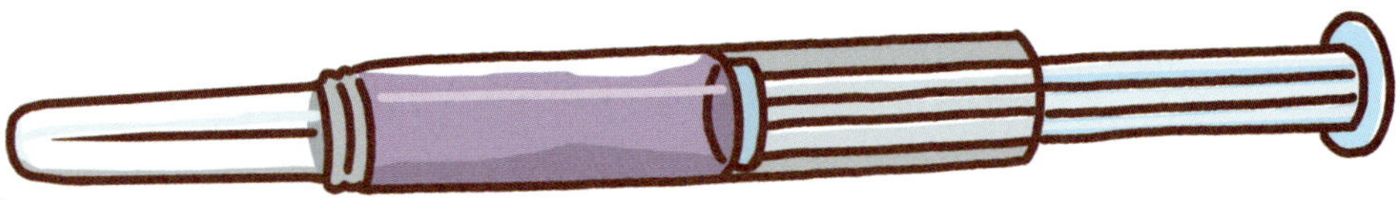

2. ¿Cómo funcionan las vacunas?
   a) Nos dan el virus
   b) Le enseñan a nuestro sistema inmunológico a reconocer y combatir el virus
   c) No funcionan

3. ¿Cómo sabemos si una vacuna es segura?
   a) Los científicos realizan muchas pruebas de la vacuna
   b) Los científicos han creado vacunas seguras por cientos de años
   c) Todas las anteriores

4. ¿Tu médico sugiere ponerte la vacuna. Tu deberías...?
   a) Recibirla
      Te mantendrá seguro
   b) Preocuparte, no es segura y no debes recibirla

¡Una vacuna puede convertir tu sistema inmunológico en un guerrero contra el virus, y así podrás volver a tu vida normal!

¿Qué significan estas palabras?

alergia: tener una reacción como estornudar, comezón o un sarpullido.

aprobado: aceptar y considerar algo seguro.

células: pequeñas unidades de una planta o de la vida de un animal.

coronavirus: un tipo de virus.

COVID-19: nueva enfermedad que afecta a tus pulmones. Se origina por un virus llamado coronavirus.

germen: ser microscópico vivo que causa enfermedades.

sistema inmunológico: sistema corporal que protege el cuerpo de sustancias extrañas, células y tejidos.

trabajadores esenciales: personas que tienen trabajos esenciales para la sociedad, como profesores, enfermeras y conductores de autobuses.

vacuna: medicina aplicada usualmente por inyección y que evita que te enfermes.

vacunar: administrar una vacuna, generalmente con una inyección.

viruela: efermedad originada por un virus que causa fiebre y sarpullido.

Respuestas de la prueba: 1. a, 2. b, 3. c, 4. a